CW01116745

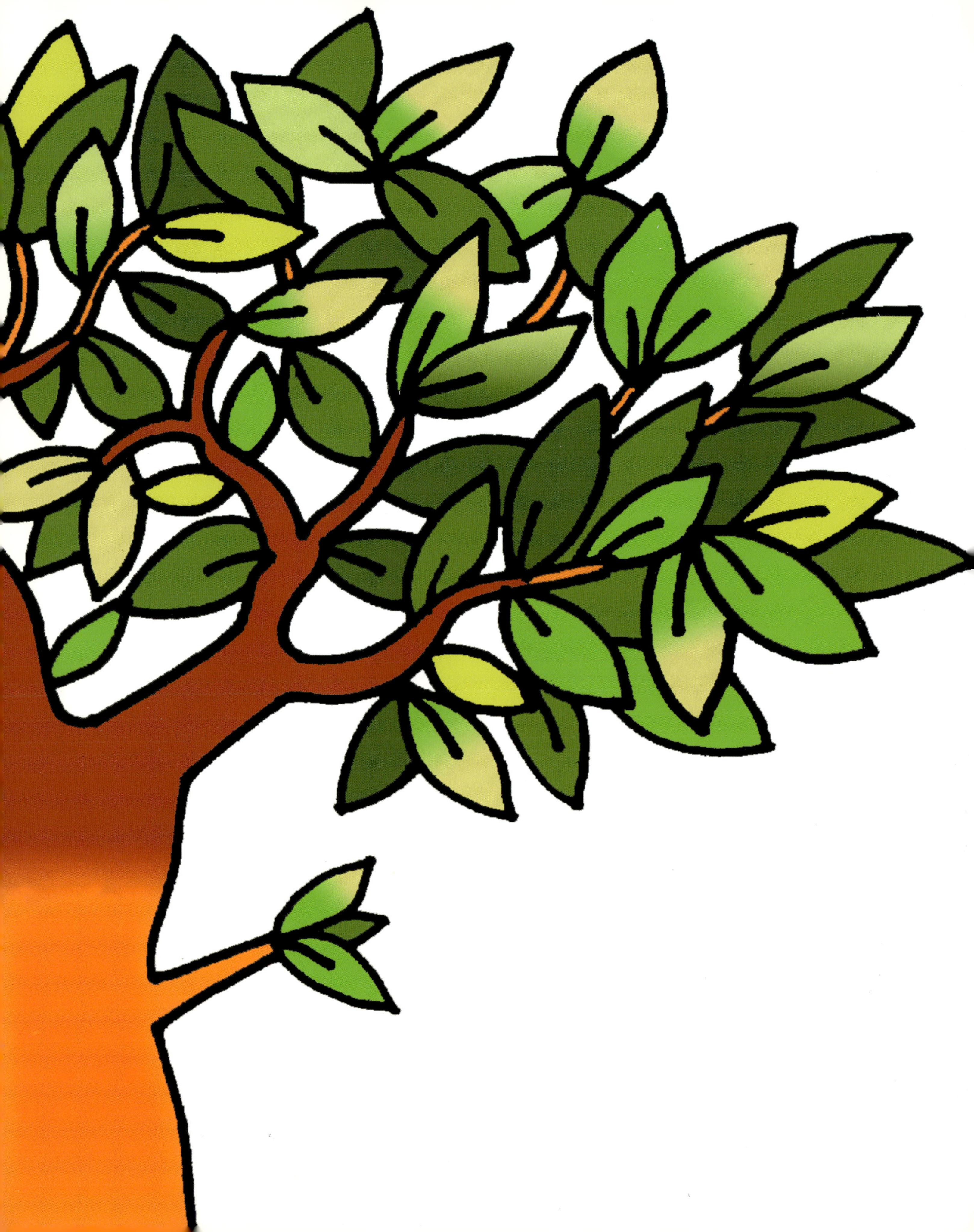

Gianni Rodari Sergio Endrigo

Ci vuole un fiore

disegni di Altan

Gianni Rodari
Sergio Endrigo
Ci vuole un fiore
disegni di Altan

La canzone *Ci vuole un fiore*,
dall'album omonimo, è del 1974

dello stesso interprete:
Via dei Matti
L'Arca di Noè

dello stesso illustratore:
La papera, la pulce e l'orologio
L'Arca di Noè

Nel cd il brano originale
Ci vuole un fiore
(G.Rodari- L.E. Bacalov- S.Endrigo)
cantato da Sergio Endrigo
Edizioni Bmg Ricordi Spa/Noah's Ark
(p) 1974 Bmg Ricordi Spa

©Altan/Quipos srl

ISBN 88-88716-08-4

Prima edizione ottobre 2003

ristampa   anno
11 10 9 8 7 6 5   2006 2007 2008 2009 2010

© Carlo Gallucci editore srl
Roma

galluccieditore.com

Stampato per conto dell'editore Gallucci
presso la tipografia Tibergraph di Città di Castello (Pg)
nel mese di giugno 2006

Tutti i diritti riservati. Senza il consenso scritto dell'editore nessuna parte di questo libro e del cd allegato può essere riprodotta o trasmessa in qualsiasi forma e da qualsiasi mezzo, elettronico o meccanico, né fotocopiata, registrata o trattata da sistemi di memorizzazione e recupero delle informazioni.

Le cose di ogni giorno
raccontano segreti
a chi le sa guardare
ed ascoltare...

Per fare un tavolo

i vuole il legno

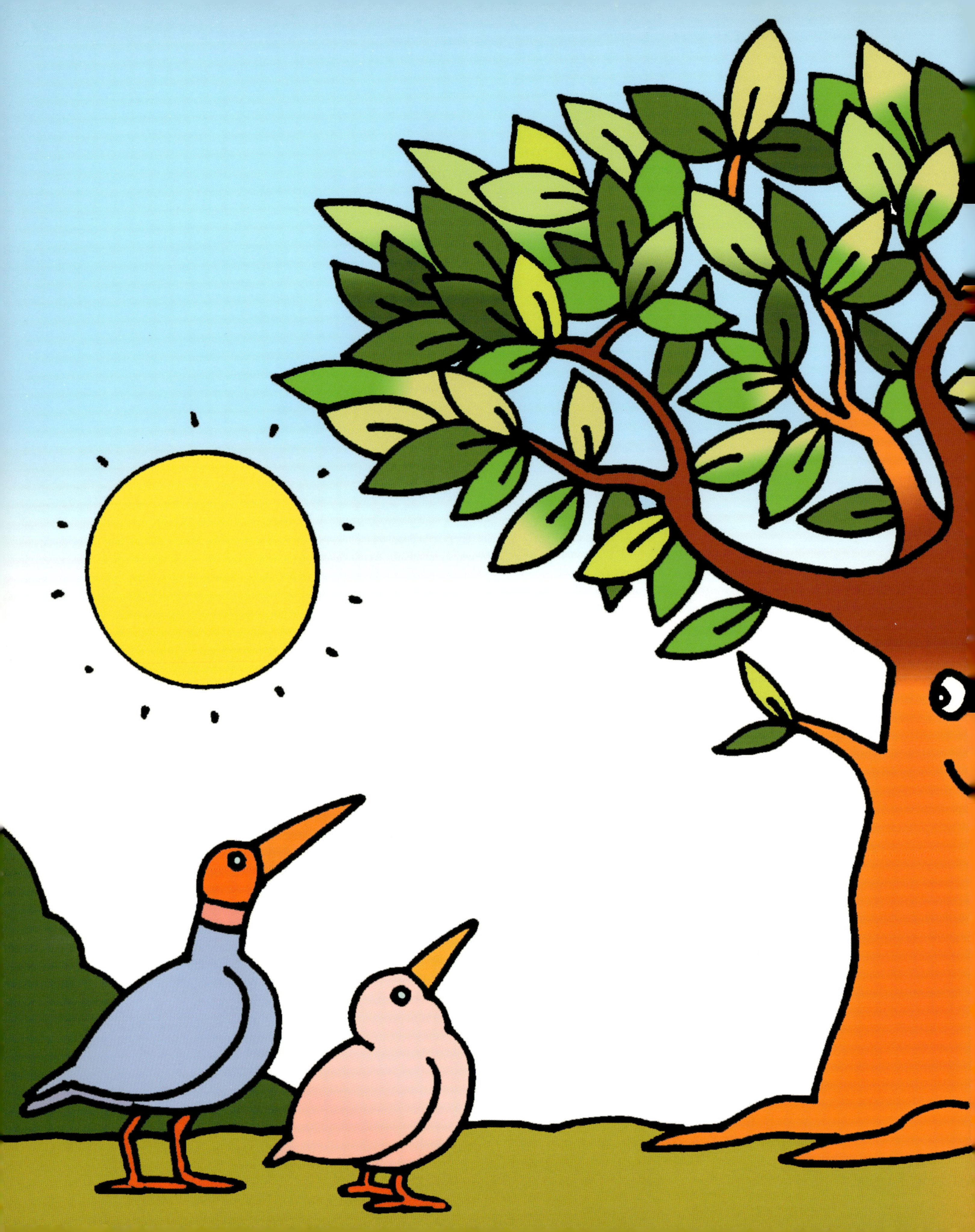

per fare il legno
ci vuole
l'albero

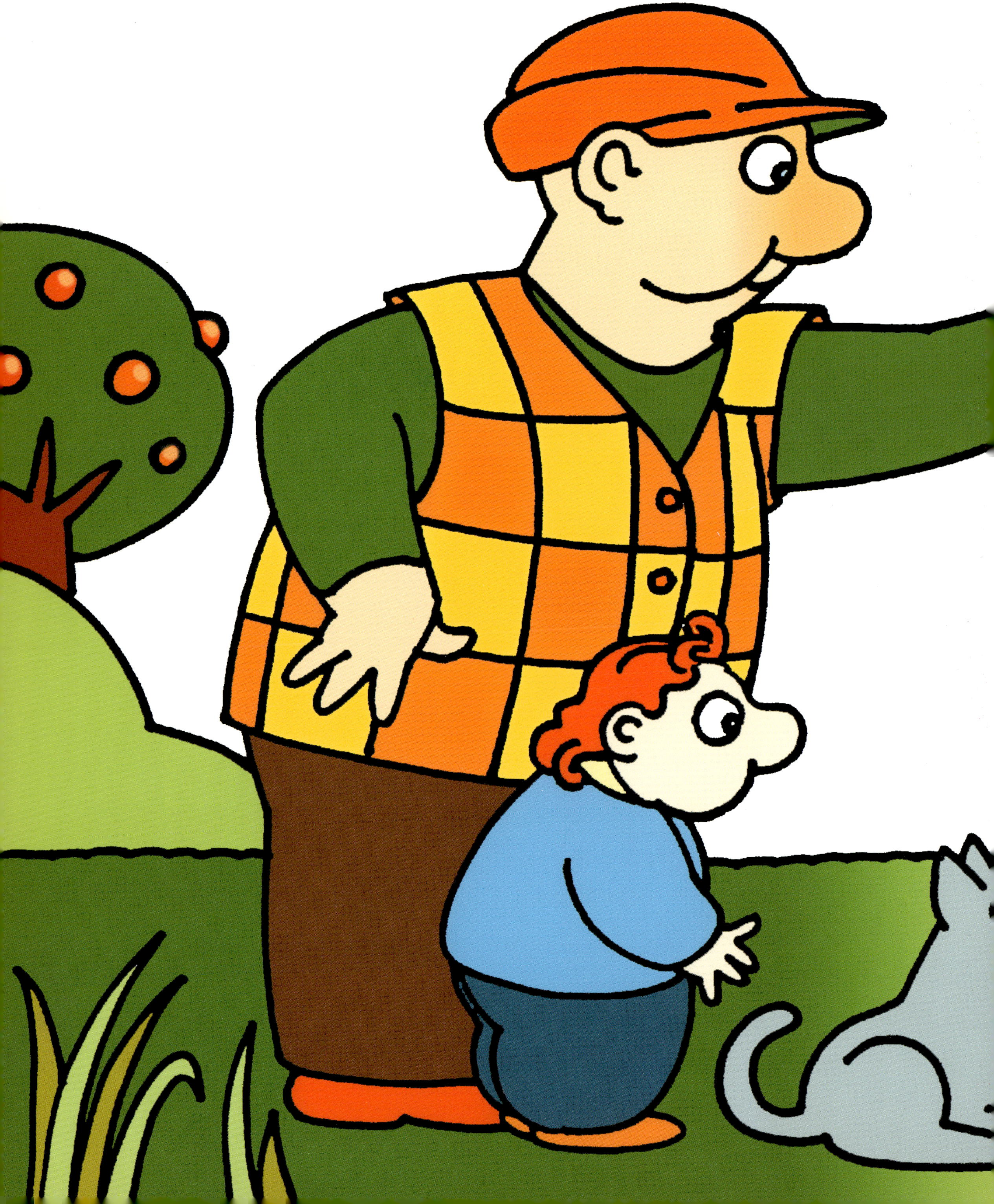

per fare l'albero
ci vuole **il seme**

per fare il seme ci vuole

il frutto

per fare il frutto

ci vuole un fiore

per fare un tavolo

ci vuole **un fiore**

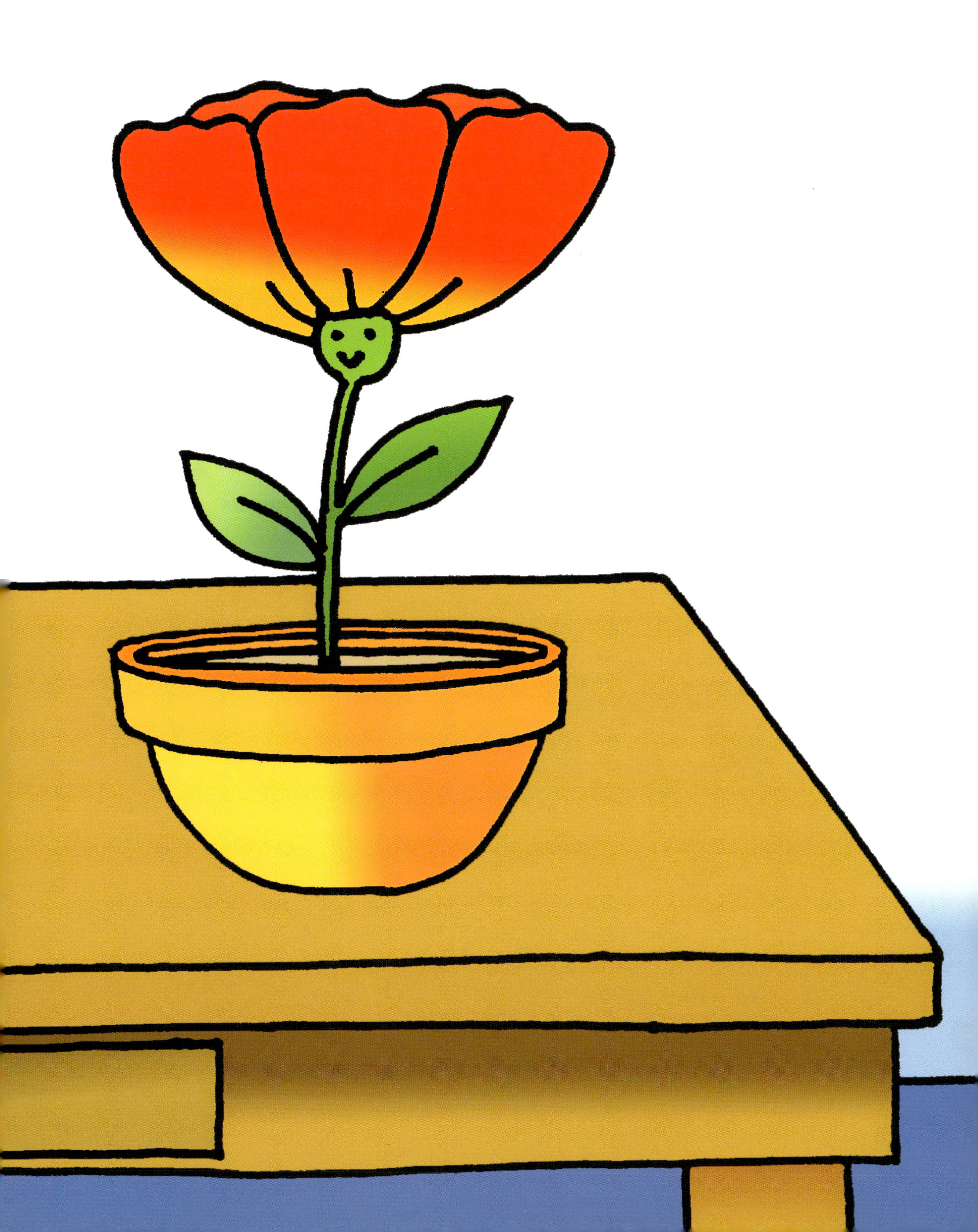

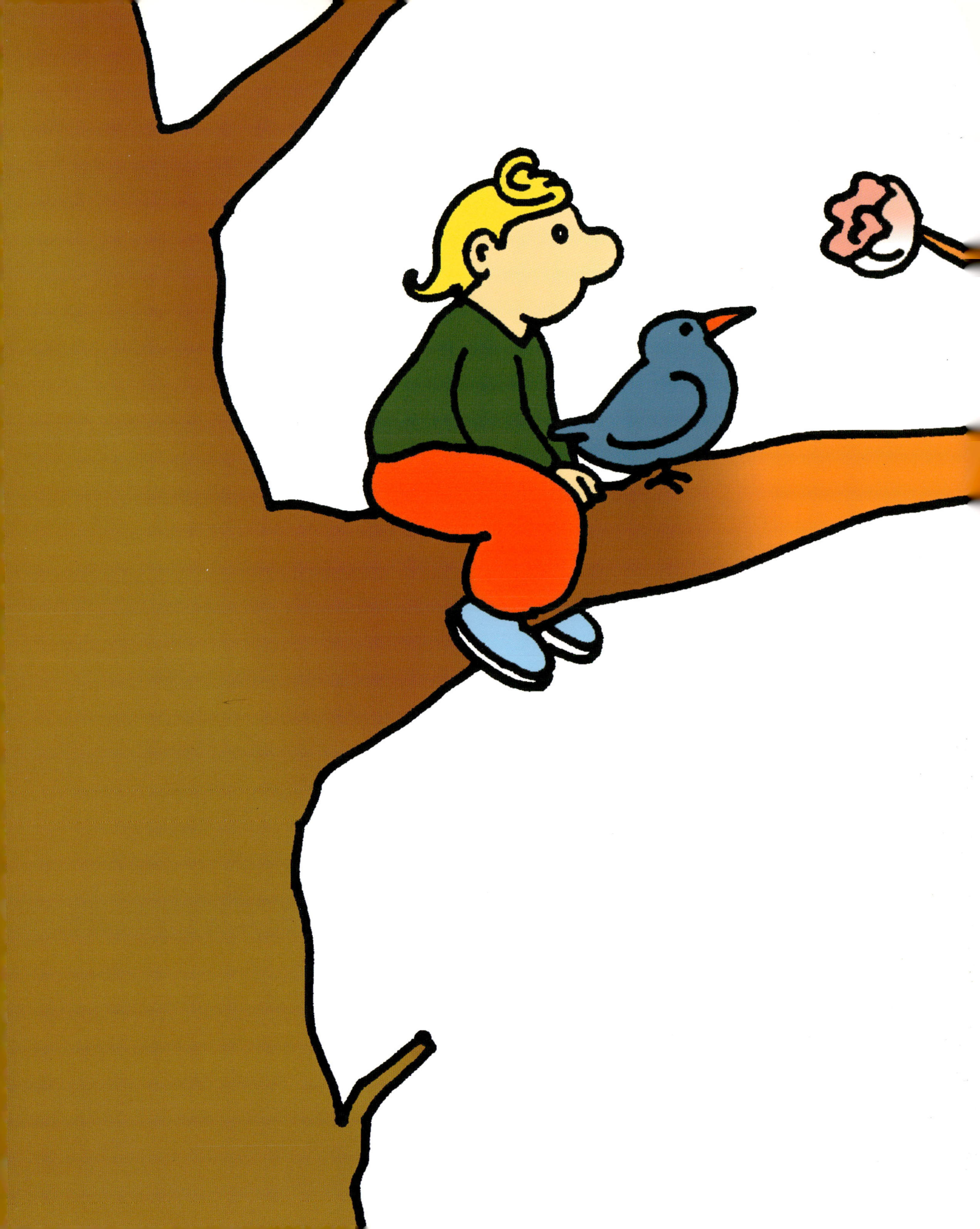

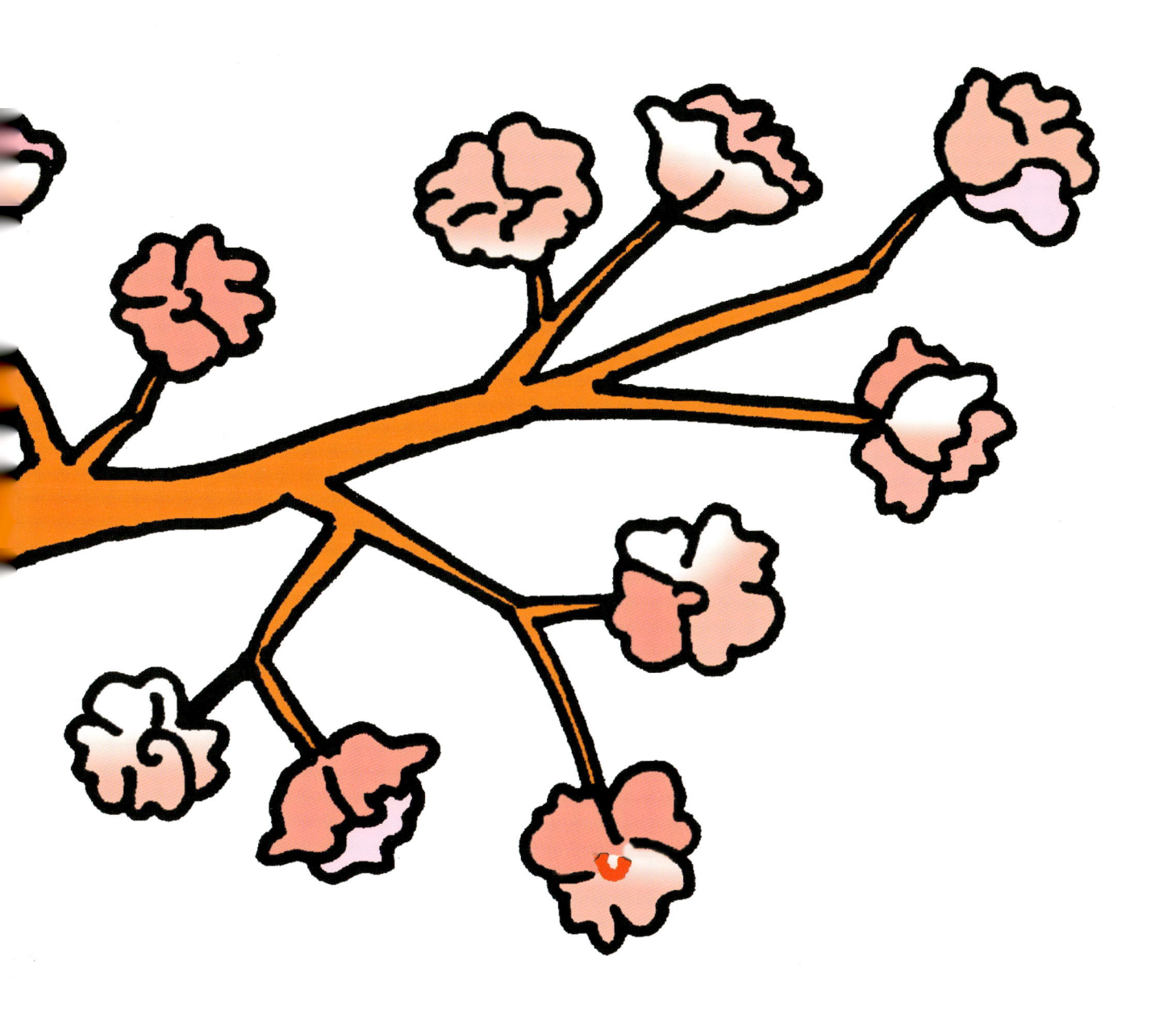

Per fare
un fiore
ci vuole

un ramo

per fare il ramo

ci vuole l'albero

per fare l'albero ci vuol

l bosco

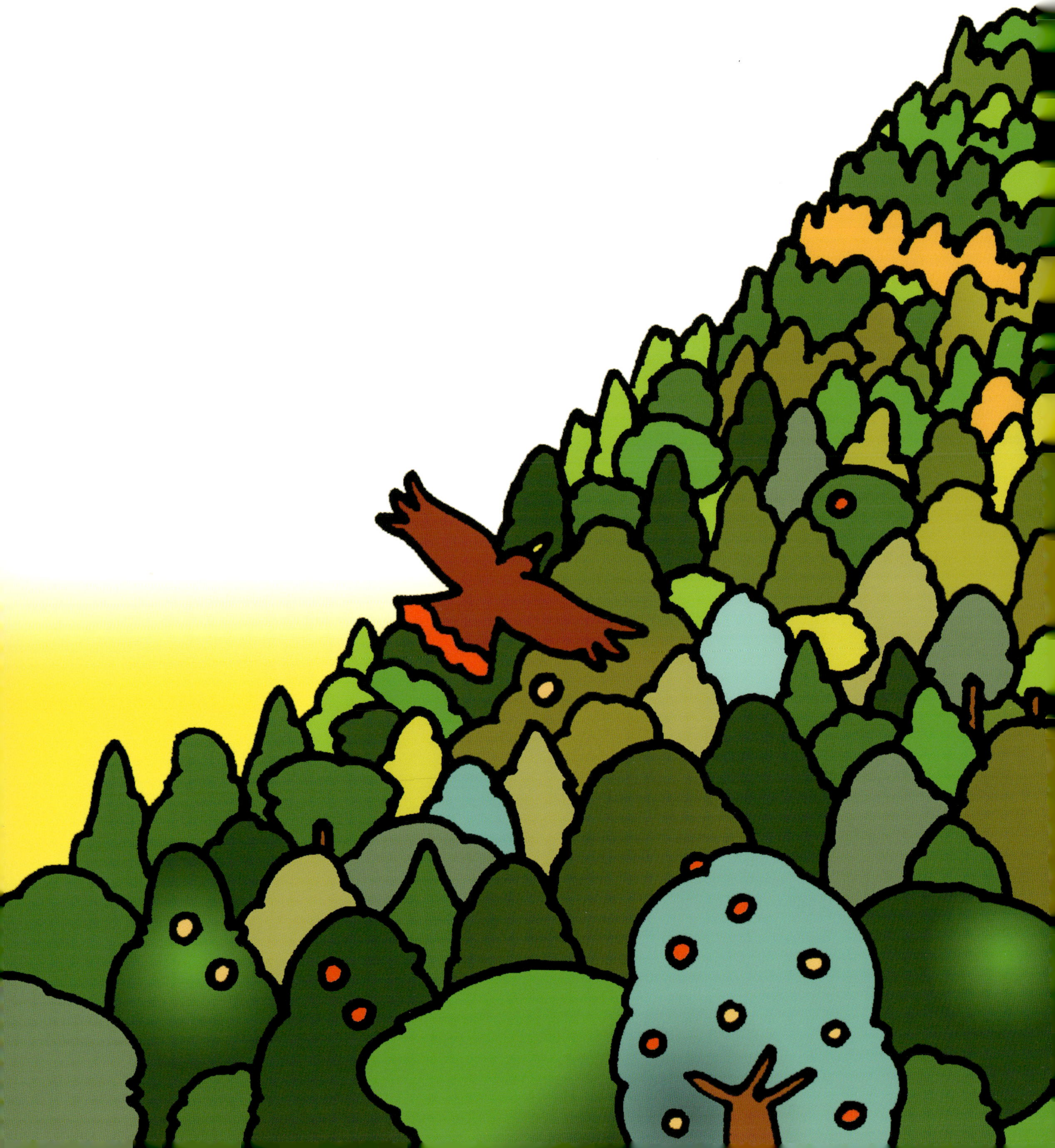

per fare

il bosco

ci vuole

il monte

per fare il monte
ci vuole
la terra

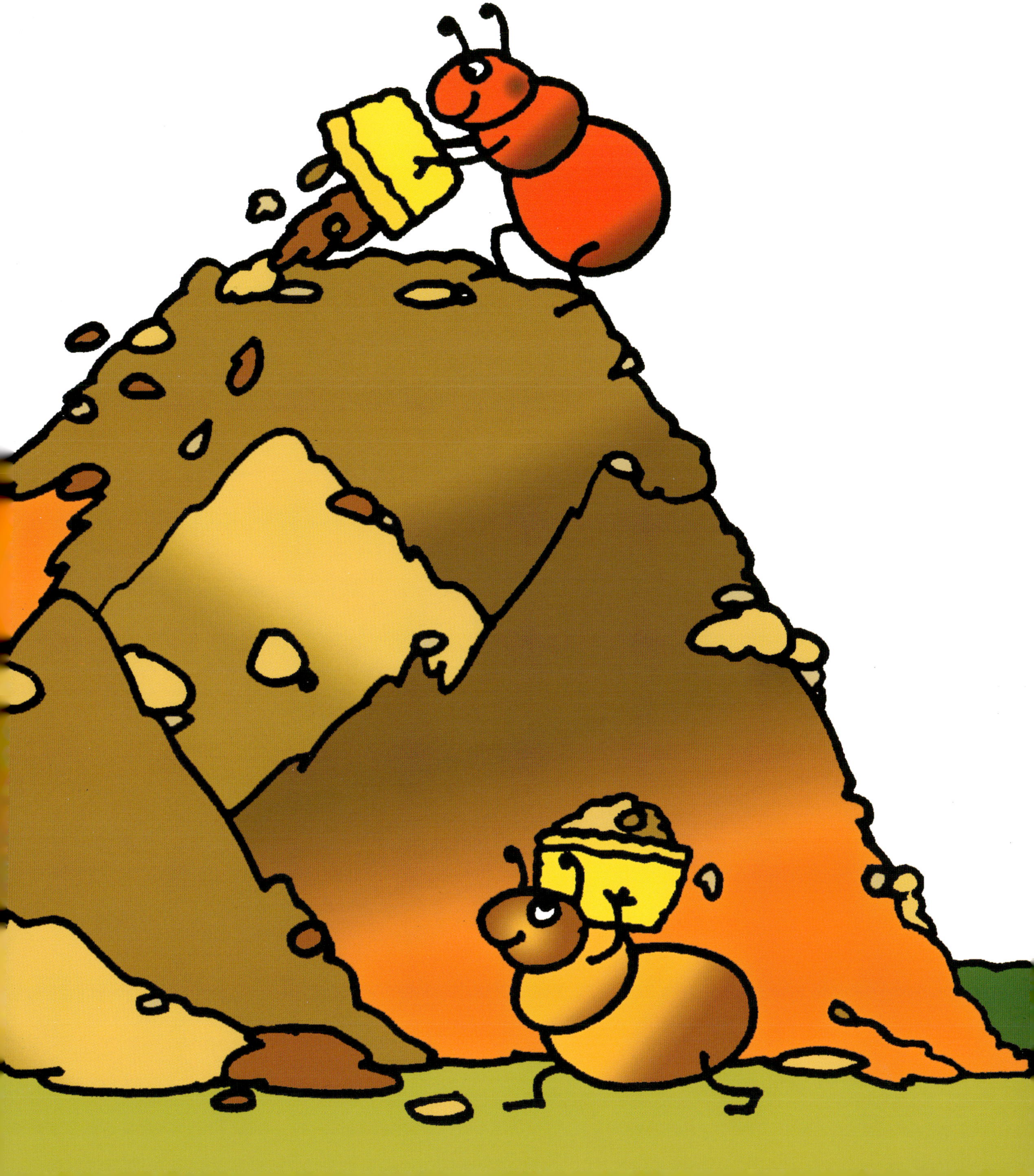

per fare la terra

ci vuole un fiore

per fare tutto

ci vuole un fiore

Per fare un tavolo ci vuole il legno
    per fare il legno ci vuole l'albero
per fare l'albero ci vuole il seme
    per fare il seme ci vuole il frutto
per fare il frutto ci vuole il fiore
    per fare tutto

ci vuole un fiore

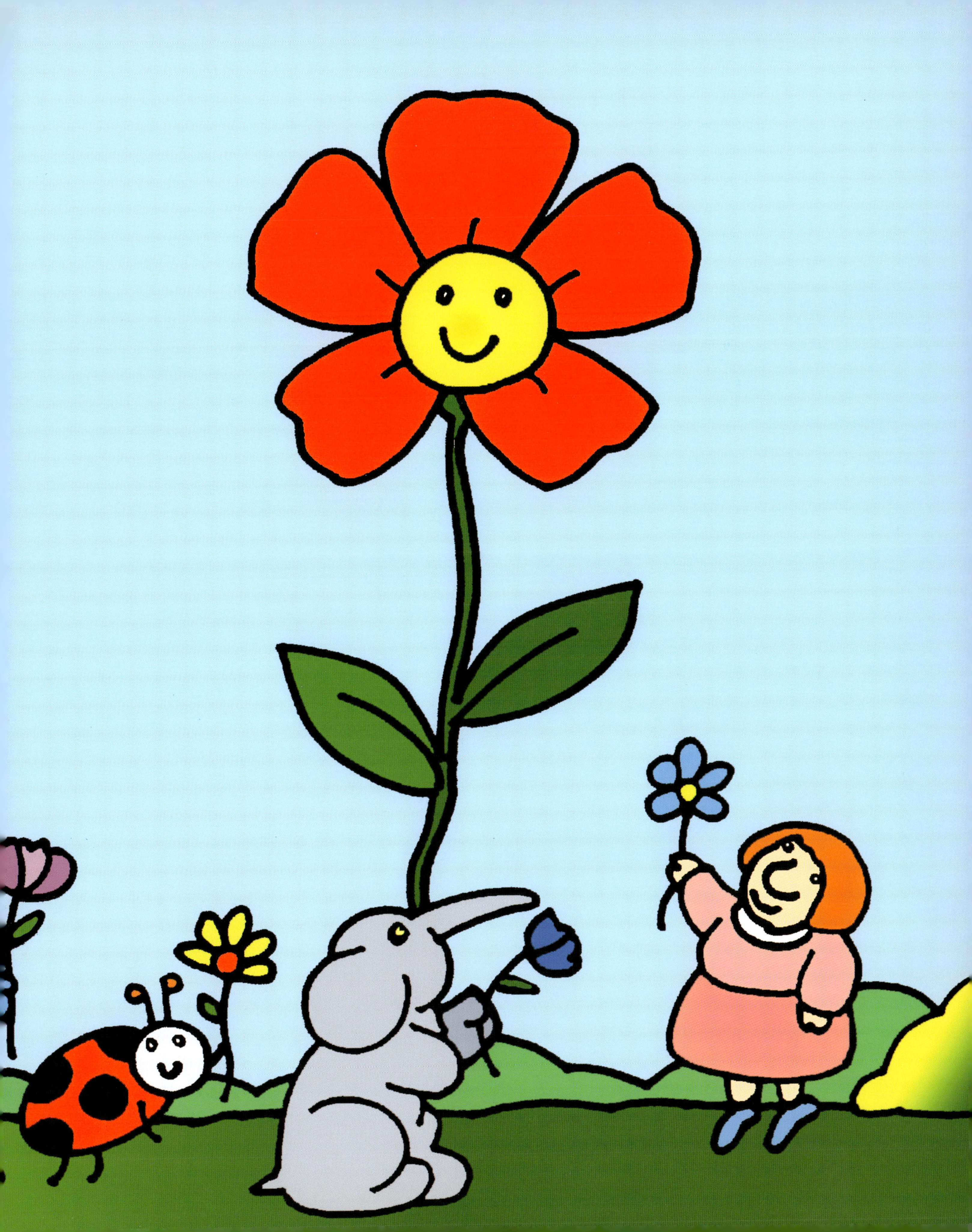

Ultimi volumi pubblicati:

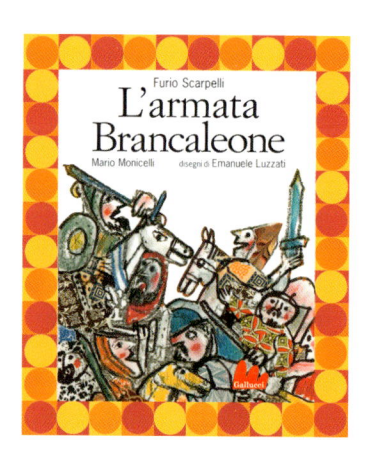

libro + Cd

"Nell'emulsionare arcieri, cavalli, corazze e pepli di gentildonne in una marmellata di colore, Luzzati sfiora il prodigio comunicativo"

Nello Ajello
La Repubblica

"Forse sta qui il motivo principale del successo: i piccoli lettori trovano un sapore genuino, legato intimamente alla favola, un genere che ha superato i mutamenti delle epoche, e non è mai morto"

Alberto Bevilacqua
Grazia

"Dig" Segnalato dalla giuria del premio "Città di Roma Gianni Rodari" 2004

"Joshua possiede il grande dono di saper esprimere le emozioni con pochi tratti essenziali, sempre appropriati e ricchi di un fantastico umorismo"

Bruno Bozzetto

"Un'idea divertente, un'alternativa per i più giovani alle consuete guide turistiche"

Alberto Gedda
ttL - La Stampa

"Un modo per introdurre i bambini alle meraviglie artistiche, senza per questo rinunciare a raccontare una storia"

Fiorella Iannucci
Il Messaggero

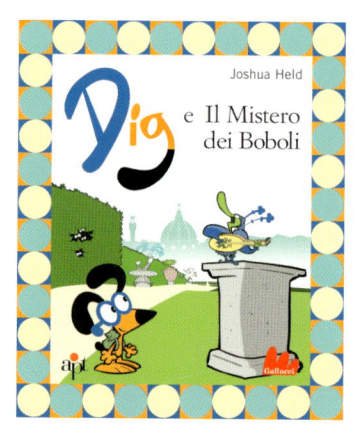

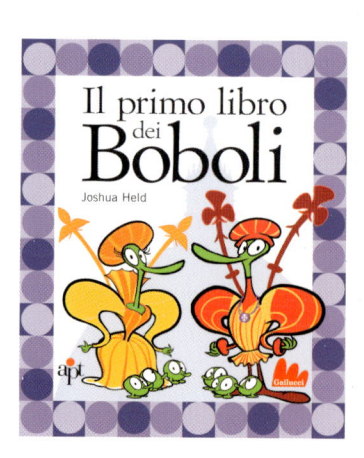

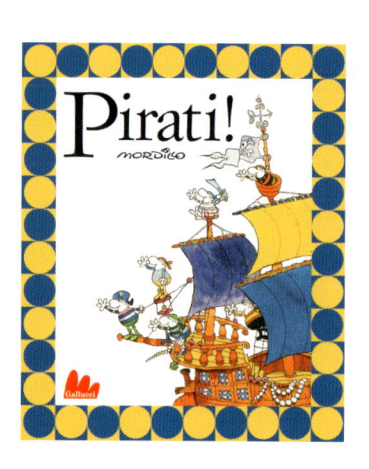

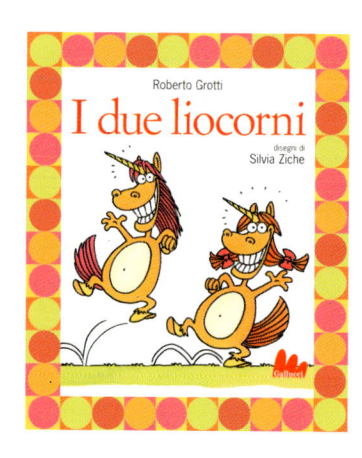

libri + Cd

"Ecco la famosa canzone per bambini illustrata da Silvia Ziche. Da sfogliare e da cantare. Per scoprire, finalmente, che fine hanno fatto i due liocorni...!"

Elena Dallorso
Donna Moderna

"Disegni strepitosi, coloratissimi e rotondi di Mordillo"

Stefano Salis
Il Sole 24ore

"Straordinaria poesia per gli occhi"

Paolo Fallai
Corriere della Sera

libri + Cd

"Parla d'amore, di diritti e un pochettino anche di dolore, insomma del mondo e di tutto quello che succede"

Alessandra Rota
La Repubblica

"Dalla coppia Faletti-Branduardi un libro per i piccoli illustrato gioiosamente da Chiara Rapaccini"

Alessandra Casella
Oggi

"*E la vita l'è bella*: imperdibile e da cantare a squarciagola insieme ai figli"

Stefania Scateni
L'Unità

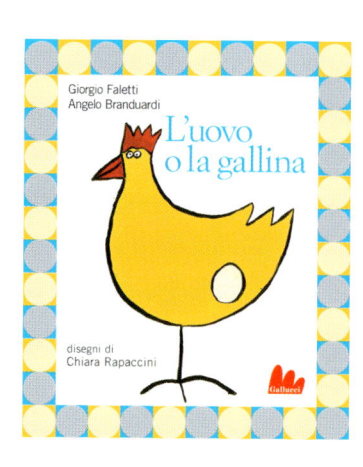

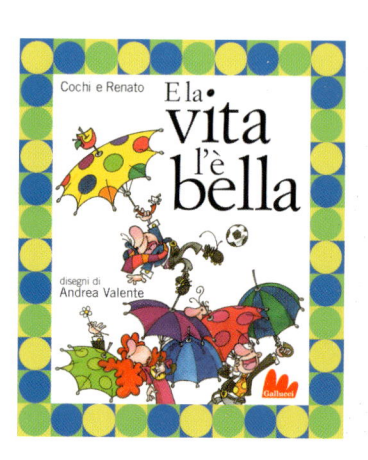

Gallucci editore Premio Andersen 2006 *al Progetto editoriale*

libri + Dvd

"Una deliziosa favola d'altri tempi, che ci fa tornare tutti bambini"

Vincenzo Mollica
TG1

"Una bambina bionda che anche a 60 anni di distanza conserva la sua fantasia"

Anna Praderio
TG5

"Il segno di Cavandoli è ancora di un'abbacinante modernità avanguardistica"

Oscar Cosulich
L'Espresso

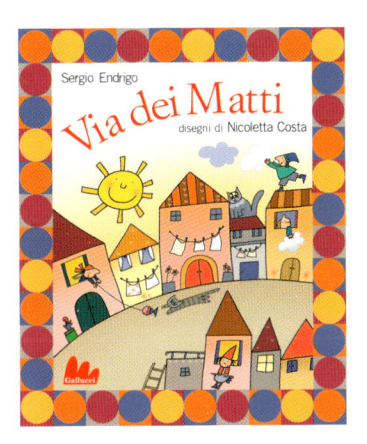

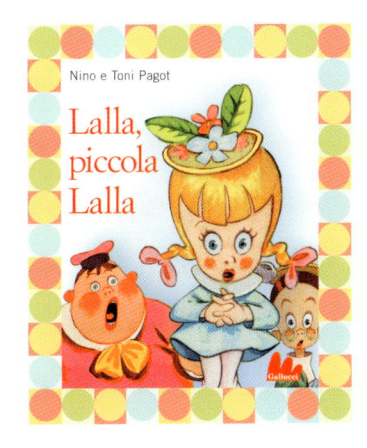

libri + Cd

"*L'Arca di Noè* disegnata da Altan mostra come tutti gli animali - cani e gatti, volpi e galline, serpenti e uccellini - possano rinunciare a sbranarsi e stare in pace: basta avere un viaggio da fare, un orizzonte comune"

Concita De Gregorio
La Repubblica

"Ridenti disegni di Nicoletta Costa... un libro da usare, guardare e collezionare. Anche dagli adulti"

Elena Baroncini
Il Sole 24ore

Novità
libro + Cd

"Chi non ricorda Antoine che cantava questa tragicomica tiritera che i bambini adorano ancora?"

Barbara Briganti
La Repubblica

"Divertente e coloratissimo libro che racconta con ironia e garbo, ai più piccoli e non solo, chi è la *Pantera Rosa*"

Baba Richerme
Gr2

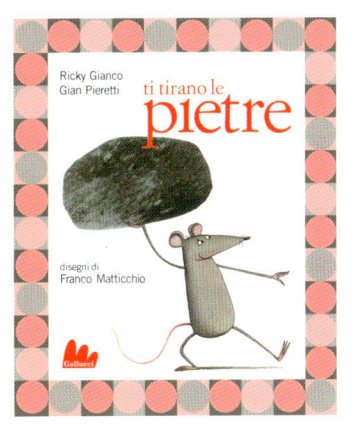

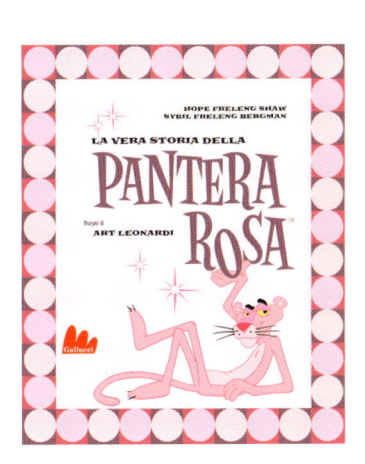

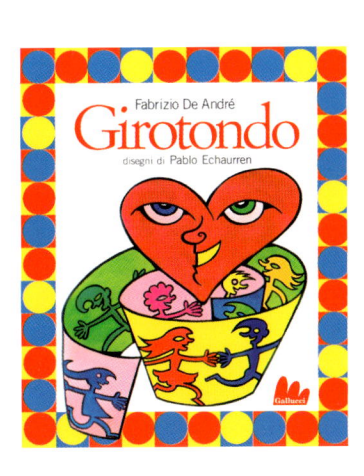

Nuova edizione
libro + Cd

"Una favola di drammatica attualità. I bambini crederanno con i disegni di Echaurren che i soldati abbiano il naso da Pinocchio e fuggano davanti al grande cuore ammiccante dell'amore"

Fernanda Pivano
Corriere della Sera

"Riscopriamo Mattotti, coi tratti rotondi e i colori pastosi del suo arcobaleno"

Lara Crinò
D di Repubblica